Los PASOS *y las* SOMBRAS

JULIO A. SÁEZ

Los *PASOS* y *las* SOMBRAS

© Obra: Los PASOS y las SOMBRAS

Primera edición: Abril, 2024

© Autor: Julio A. Sáez

   pindilio@live.com

ISBN: 978-84-10040-43-4
Depósito Legal: M-8857-2024

Portada, contraportada y solapa: Julio A. Sáez
Foto contraportada: Julio A. Sáez
Maquetación: Jesús Navarro Bravo

© Editado por LIBER FACTORY www.liberfactory.com

Gestión, promoción y distribución: Grupo Editor Vision Net S.L.
C./ San Ildefonso 17, local, 28012 Madrid. España.
Tlf: 0034 91 3117696 // Email: pedidos@visionnet.es
www.visionnet-libros.com

Disponible en librerías físicas y online.

A mis nietos:
Sofía, Héctor, Siena, Alonso
y los que hayan de venir.

También a sus hijos.

Y a los hijos de sus hijos.

Todos estáis en mi corazón.

Los niños están llenos de amor. No los vacíes.

Cualquier camino lleva al fin del mundo.
Edward Fitzgerald

Lo que es digno de hacerse, digno es de hacerse bien.
Lord Chesterfield

*El gran inconveniente de los nuevos libros es que nos
privan de leer los antiguos.*
J. Joubert

A todo el mundo le encantan sus ilusiones. Las necesitan.
Woody Allen

La humanidad sueña por medio de los poetas.
Friedrich Herbel

A tientas

A tientas, las esquirlas de mi alma,
En tu presencia caen al agua agonizante,
La conciencia de los ángeles errantes,
Canta su ingravidez volando en calma.

Más allá de los pájaros, no obstante,
Una red de silencios se desflora.
Agónicos en la nota que alguien llora
Sobre el teclado que habité cuando fui amante.

En ese mar-quimera, lo sé ahora,
De ardiente inocencia y playas largas,
Tu recuerdo espumoso se aletarga
Y en el agua de tus olas se evapora.

Cada estéril minuto se descarga
En palabras formadas en la acera,
Insomnes como eléctricas parteras
Escondidas de Dios, frases amargas.

La humedad de las horas, en la espera,
Llena los huecos que deja el calendario.
La inclemente presencia del osario
Se aposenta despacio en la quimera.

¡Ay la Luz! que a pleno sol deslumbra:
Reclama del azogue su reflejo.
Fulgor divino, se acrece en los espejos
Dejando a las estrellas en penumbra.

Soy alma en un mar de novilunio, juez sereno
Con la piel de la lluvia ataviado, voy de estreno.

Aire mojado

Aire mojado, en el límite geológico de la humedad.
Filmado, como una película de lluvia sin rumbo
En la que los actores se detienen a ver pasar las gotas.
Cada cual, por los adentros de sus cuerpos parcos,
Se estanca en la brisa a la espera de dar tumbos
Delirantes que levante la costra de los charcos.
Las calles honestas se dirigen, casi rotas,
A los rastrojos de azafrán y se suicidan
Bruscamente bajo los adoquines miel y gris.

La procesión de los adolescentes inmorales
Se detiene, temerosa, ante el malecón confiado
Que estrella las olas con la autoridad de un magistrado.
Las miradas, en el vértice de las espumas oficiales,
Pretenden horadar la piedra con muecas de fracaso
Como anémonas ahítas de abanicar peces-payaso.
Pero la humedad les devuelve reflejos de papel.

Frenaron su carrera los remisos penitentes
Camino de un limoso barranco electoral.
Secretos los acuerdos. Digerida su moral:
Vapor por destilar en la revolución pendiente,
Escurridizos por la saliva de la crisis prêt-a-porter,
Los felizmente atolondrados, ofrecieron el quinqué
De las revanchas a las nubes de aguaceros por caer
Y a los desertores de liceos por todo lo que saben.

La última gota: plata o plomo, perpleja ante las pizzas,
Pregonó el edil su etérea promesa aún en mantillas.
—Quedaremos otro día para ir a la bolera —habló el ave.
El cargo electo asintió mientras las rojas manecillas
De su reloj revertían en remos de algodón de azúcar.

Azul sonrisa

Azul en la linde es tu sonrisa,
Sello para la carta que no escribo.
El pecho vertical, al aire vivo,
Travesuras científicas avisa.
Tu lengua, pasaporte
Hacia el cielo o hacia el piso
Según revierta tu porte
De pájaro bluf de Klaus Kinski.
Ave que quiso ser bendita
En el sagrado fuego de Stravinsky.

Te reconozco hechicera.
De adjetivos liberada,
Confesionario de coplas
Y patria de las liturgias hueras
En connivencia sutil con las marsopas.
Enfermera de moscas
Sobre el almuerzo amarillo
La mitad de tu sonrisa urbana
Ocupa ya tres muñecas.
Ya no es azul y estás ufana
De arrojar el reloj por la ventana.

Babeliana

Nada más baldío hay que la tarea
De erigir un cascote con edificios
Para albergar bicéfalas quimeras:
Comedoras de humo por oficio.
Pues bien, tras constatar que esa ralea
Tuvo que sobrevivir a los profetas
Que clamaban sus dudas teodiceas
Para poder convertirlas en vendetta,
Disfrazó la bestia su berrea
Con un cántico romo y azorado,
Enjundioso de linajes en apnea
En catálogos escritos y arrumbados
Entre expedientes de carne. La odisea
De los permisos de obra desbarata
A los húsares que observan el proyecto
Desde un sepulcro oculto en su casaca.
El primado desglosó los rituales
Con sonetos leídos con pimienta.
Ello no atrasó a las grúas conventuales
Que querían desplegar sus cornamentas.
Algo incomprensible en los portales
Donde serpientes de cuarzo de Agrigento
Devoran a los huidizos concejales.
Los moscardones se suman al intento.
El Visir intermitente de Eritrea
Se apresuró a roturar el cementerio
Que atesoraba el cerebro-chimenea

De un escasamente sobrio megaterio.
Unos y otros loaron la pelea
Por iniciar el banquete del cemento.
Los ladrillos luchaban con las moscas.
El arquitecto de metal estaba atento
A dibujar los dragones de Corea.
Los boticarios eléctricos lloraron
La promiscua actividad de las lechuzas
Cuando a pie de obra se acercaron.
Entre los planos de la obra se halló brea
Lo que pareció inquietar a los obreros
Que mostraron relumbros de demencia
Al querer desovar en los bomberos.
El preboste, ideólogo de escombros,
Antes de que rompiera la marea,
Escapó encogiéndose de hombros
Por no tener que actuar como albacea.

Cabaña de muros cristalinos

Mucho aprendí, bien lo sabéis,
En aquellos años de la miel y el fuego;
Cuando los autillos construían sus nidos
Sobre el remordimiento huero
De las ocasiones que he perdido.
Podía vivir, cierto es, sobre las olas
Sintiendo bajo los pies cada latido
De las posidonias de inocuas intenciones.
Con el pensamiento instantáneo
De la inmediatez del placer inmerecido
Insistiendo en que el amor no es absoluto
Hasta que se echan en falta sus efluvios.
No es porque sea de noche muchas veces,
Ni por la invasión azul de la indolencia;
Tampoco es la niebla procaz de los recuerdos
Tatuados en la cabaña de muros cristalinos
Sino el deambular por las callejuelas del alma
Que se adentran en la catedral del hasta luego
Mientras los corcheas del órgano divino
Llueven sobre la letanía de las palmas.

Crímenes imperfectos

Píntame el frescor de la mañana
Con el paso procesional de la tortuga
Camino de su cita con el estanque dócil
Para parir unas ondas con arrugas.
Antes de rasgar la bruma con su rayo
El sol flaqueaba camino del alba indiferente.
Un alba de siglos trasformada en fósil
Por el canto intemporal de las cigarras
Y el espanto de la gota de rocío
En el abrasado borde de la parras.
Sobre la caldeada piedra, el coloquio de las ranas:
Eterno dilema entre la verdad de su cantar
O el cántico de su realidad. Impacientes
De palabras engarzadas como las ascuas
Que adornan al unicornio incandescente.
Crímenes imperfectos al dorso de la Pascua
Por quien tiene miedo a no saber matar.

Cuando te…

Cuando te invento con ideas
Que a veces no entiendo,
Las pinto en una estela
Con susurro de olas
A lo lejos.
Cuando te dibujo con adioses,
Los espero subsistiendo
Antes de que la nieve
Borre los caminos
Soñolientos.
Cuando te desmonto con recelos
No siempre tengo elección
Y siento mis palabras
Cual raíles de hielo
Licuante.
Cuando te celebro en la distancia,
Sabiendo que el viaje es lento,
Los días son pasos breves
En lienzos de viento
Que me abrazan.

Cuandolalunasealzó

CuandolalunasealzósobrelavejigadeÁfrica
Yanoquedabanmanzanasquemordisquear
Tampocoelmarerauncantodeaguaestática
Queocultabaunbesodeolasdeazahar
Lasierpevaciólaplayadeinutilboato
Sulenguapartidamurmuraletanías
Losojosardienteshiriendoalnonato
Rasgandotinieblasconlucesvacías
QueundíaalumbraronlastumbasdelNilo
Lamitaddelbosquefuenieveagresiva
Laotramitaddecremaencrespada
Traszurcirlasambassumaronunkilo
Confrágilesgritosdehierbapisoteada
Asíprendióelfuegoquehostigaalcaracol
Seaventólachispaquealcanzóaserllamarada
Suspensoquedóelllantomientrassedormíaelsol

De juglares y eremitas

El agua se enfrió al besar el cuerpo
Pecando entre los senos,
Bloques de hielo milagreros,
Creó estalactitas adolescentes
Temblorosas al filo del deshielo.
No será por falta de pregones
Anunció el escriba indiferente:
"Todo aquel que desentierre a un poeta
Sufrirá congelación en los pezones".
Miraron en derredor las plañideras.
Los alguaciles redactaban los oficios
A un batallón de tímidas neveras.
Los músicos mendigos se aprestaban
A poner banda sonora al sacrificio.

"Llevadme en procesión al ministerio".
Clamó una voz oscura de ultratumbas
Desde la caja de formica de colores.
La ciclogénesis de beatas de la zumba
Con su corresponsal de guerra a la cabeza
Se amontonaba en derredor de los peldaños
En rumbo de colisión con los dragones:
Fumigadores de congresistas sin escaño.

Batallaba el sol poniente con las nubes
Cuando el eremita de guardia alzó el vuelo
Anunciando a los presentes con un grito:

"La hibernación alcohólica será delito
Tanto como imprimir billetes de consuelo".

"¡Haced con el bardo una clepsidra!",
Aulló antes de ordeñar los cirros del ocaso.
¿Siguieron el encargo del espanto?
¿Construyeron un laúd con el occiso?
No señor: Eligieron sitiar el camposanto.

Desideratum

Restriegan del Olimpo su lengua vermiforme
Por lustrar la suciedad de cada orgía.
Tarea que Zeus encargó a los uniformes
La antevíspera de la estación jauría.
Embarcó su orgullo en nave capitana
Para palpar el mar con mano arpía.
La testa del cuervo, mascarón de proa
De un nauta de amor, mueve cada día
A la rocalla rizada con navajas romas.
Aúlla el aquilón; entre rocas la ola impía,
En la espiral de las anclas, draga el dique.
La herida de la playa simula las ranuras
De naves que trajeron licores de alambique,
Mórbido el color y oscura melodía,
Los pífanos de fémur afloran sepulturas.
Mientras la luna flota, Árgos se confía.

El cetro (soneto)

No busques por el día estrellas en el cielo
Cegadas por los rayos del astro juguetón,
Del oro poderoso con lanzas de pasión
El soplo que engendra, poético, el anhelo.

Palabras que procuran verdad y envidia
Con leyendas de dioses en un festín humano
Forzando a los mejores al filo del verano,
Vencido su albedrío, con dardos de lascivia.

Si hubiera algún artista que resistirse pueda
Al desamparo tras la huida de las musas,
Conviértase en roca colosal enfrente al dios
Y espere el momento del grito que preceda
Al silencio de los cielos clamando la victoria
Del humilde cantor sobre el cetro de Keops.

El jardín de la esencia

Besa el astro prodigioso los muros ordenados,
Castos a su manera, en estíos de luz voluptuosa.
Los juncos hieren los ojos de las aves indiscretas
Antes de que se posen en la infértil roca.
La desolación ha debilitado la floresta
Condenada a perecer por su fatal complacencia.
Carbonizada, su pelaje consuma el apetito de la llama.
Las colinas, visibles nuevamente, acechan destripadas
Al lejano retumbo de los rayos espectrales.
Su aliento dañino escuece en la corteza intensa,
Flagela la desnuda pradera, penetra en el voraz despliegue
Camino de playas fabulosas entre rodillas ingenuas.
El hedor del ozono inflama los campos roturados
Como la absenta en la glotis del aristócrata pintor.
En extraños montículos yacen los sapos que la lluvia
Resucitó del barro pantanoso que ya nunca será hierba.
Por más que el sol lo arrugue y el polen lo persiga
Promesa será de vida en los campos de la ausencia.

El mago del haz

Atesoraba en su hermética caverna
Lagartos urbanitas huérfanos de cola.
Los mismos que le cantaban con voz aguardentosa
El Rock de la Cárcel en versión moderna
Mientras, desleía entre círculos concéntricos
La pócima de las extrañas amistades.
También, un haz de varas de hinojo
Curativo para los afectos del mal de ojo
Y un bastón tibetano con inscripciones
En sánscrito macarrónico y calé
Que abundaban en la idoneidad
Del nirvana como experiencia necesaria
Para aprender a tocar el pífano eléctrico.

Oculto tras los manzanos urticantes
Escrutaba las manecillas del reloj,
Superfluo en el altar de mendicantes,
Que se rigen por la voz del cardenal.
Los músculos tensos ante la inminencia
Del temporal que provoca la presencia
De la exigua lechuza presidencial.

Cuando empezaron a desplomarse las estrellas
Su alegría contrastó con un súbito terror.
Sobre los súbditos de la Reina de Corazones,
Cayó una lluvia de navajas de Albacete,
Bisectrices varias y marsupios ceremoniales.

El mago reunió un haz de celentéreos disfrazados
De ediles cantores y secretarias puras
Y fue cambiando circunstancias personales
Por billetes de lotería fragmentados.
Luego, con gesto cansado, declaró: Si así os vale,
Queda inaugurada la feliz legislatura.

El pez coagulado

El pez coagulado en las minas de Rio Tinto,
De sangre amarillenta y vítreos ojos rojos,
Pervive sin perjuicio en los abismos minerales.
Llamándose: Ausencia.
Escamas y huesos en fructífero montón
Su carne circular circula sobre círculos de agua
En forma de trilobites momificados por la niebla.
Llamándose: Noche.
Hélices como almohadas para pescadores calvos,
El barco acomodaticio avanza hacia una aurora
Que iluminan las rayas eléctricas a golpe de talonario.
Llamándose: Banco
Descubre la ribera vestida de cangrejos almonteños
Con pinzas de dientes de tigre y testas de embudo virtual.
Pronta la puerta del puerto pariendo planes primigenios.
Llamándose: Humano.

Y la duna esculpida por el pez de endémica urticaria
Cubrió la anárquica parada de la tropa mercenaria.

Empresa de la vida

¿Qué pecho intransigente
Presta una voz al oscuro pregonero?
¿Qué lengua fabricada
Con el hierro de la ira
Se jacta de trenzar una mentira?
¿Cuál es la feliz riqueza
Que aparta por estricta la certeza?

Es frívola quimera
Que nunca fuera holgura
Del porvenir ventoso que procura.
Andar desengañado
Por quien navega el viento del dinero
Y cura sus heridas
De las graves labores que negocia
Con tasa ajena sobre hacienda propia.

Y custodiar del huerto
El fruto que, esperanza deleitosa,
En el amor despierto,
Sin cautelas severas
Hace inflamar con flores la pradera.

Abrásense los torvos
Y la sed de codicia les consuma
Pues el odio hacia quien piensa

De distinta manera,
Noche y día abastece las hogueras.

Dichoso el océano que besa
La roca que deshace sus espumas
Y aplaca su rudeza,
En brillos convertida,
A los pies de la empresa de la vida.

En el aquel

Tuvo que desechar los sueños
Para remar contra la insistencia de los males
En un continuo empeño
De creerse eficaz por carecer de ideales.

Amontonando noches viejas
En la onda que dibuja formas puras,
Prosiguió acechando historia añeja
En la que probar su inútil mordedura.

Los deseos: frágiles jinetes.
El destino: meta fugitiva.
La conciencia: frívolo auditorio.
El momento: la ocasión perdida.

El triunfo de la paradoja
Que invalida el azar, confirma los temores
Del dolor tras la caída floja
De mazo tornasol en el fiel de sus errores.

Más tarde llovió en la caverna
De las aguas rojas y pureza milenaria
Que con nostalgia de las aguas de cisterna.
En el festín de la piedra del ayer, fue voluntaria.

Los deseos: mudos de codicia.
El destino: órbita homicida.
La conciencia: nana presumida.
El momento: urgencia en tu caricia.

Llegando al umbral del limbo se desengaña
No son lágrimas lo que queda, son legañas.

En la ausencia de ti

No es nimio el dolor del mal consejo
Que en tu ausencia la pena reverdece,
La cuita tan solo me entristece
Cuando la veo pintada en el espejo.

El grito del cristal se hace reflejo
En el rayo de sol que resplandece
Y alumbra el oleaje en que te meces
Antes de transformarte en oro viejo.

En ti derroché la máxima riqueza,
Por la que nunca recaudé el menor tributo.
Naciste en la duda, mas luego la certeza
Que la ausencia de ti no daba fruto,
Estéril el amor y sin cabeza,
De celos revestí el cobarde luto.

En la víspera

En la víspera de la noche ansiada
Cuando el amor vendría a visitarme
Con la razón a punto de evitarme
Y la cordura tiempo ha que descuidada;

La mente, en fantasías malgastada,
Un concluyente aviso vino a darme:
Si insistes en amar he de marcharme
Pues la pasión me tiene desplazada.

El filtro de unos labios tiene un gusto
A menú celestial en esta tierra.
Galeote en la nave de ojos bellos.

Lo ingrato del amor es el disgusto
De tener que enzarzarse en esa guerra
O morir en el hielo lejos de ellos.

En vano

Me encuentro vanamente insoportable,
Como en una discoteca de cuerpos olvidables
Fatigados de calores nocturnales
Y abundosos en inútiles auroras.
La noche siguiente es inventora
De promesas de barro y otros males.

Los suburbios de la playa son de polvo
El mismo que en Tesalia moldeara a los gigantes,
Y hasta puede que algún día fuera amante
De Helena cabalgando un unicornio.
Artera cerrazón de un hado intolerante
Que busca Paraísos con tricornios.

En vano me acecho en las esquinas,
Con el rostro pintado de metáforas.
Lenguaje indescifrable de meninas
Y en los charcos ruinosos mi reflejo
Que busca la verdad en lonchas finas
E inundar la mentira en vino añejo.

Bajo el agua sin paz, en blanco y negro,
Detrás de mi inicial puse un espejo.
Mas no me quiero mirar por si me alegro
De ver mi cabeza de ajo bajo un sable.
Antes lo avisé: me siento insoportable.

Frágil

A punto de viajar a un pretencioso averno
De derrotas devotas y excrementos lentos
En las guaridas de mi alma desalmada
Reclamo como propias la ceguera
Y la audacia de vivir la misma acera
Donde alzaba las faldas a un poema.
Expulsado de la cárcel por obsceno
De conceptos usados por adanes
No quise penetrar en el terreno
Del gineceo vestido por Rabanne.
Los semáforos, con luces de artificio,
Sumergieron la noche en tres colores.
Privado de la trompeta de Miles Davis,
Notas remotas en un erial de vicios
En el cosmos maquinal de Times Square.
Pensaron que sólo mendigaba sexo
En la erótica neblina de los versos,
Mas quería embriagar a los relojes
Con estrofas de vino sobre el Tiempo.
Adelantándome al eclipse previsible
Del amor errante en la métrica del alma,
La vida confirmó un himno comestible.
Mi verso de rocanrol, desafinaba.

Golpes hay

Golpes hay que crepitan en el alma
Como negras hogueras con sus lenguas gualdas,
Cuando los corazones llueven a lomos de las gotas
Que resbalan despacio, fríos ríos, por la espalda.
Tal vez hayan dudado entre sangre o vino
Antes de caer sobre tu carne malva.
Rodar por el pecho fuera desatino
Sabiéndolo yermo de palabras blandas.

Golpes hay de bíblicas espadas
Que hieren las manos hartas de aplaudir.
Las bodas de hielo de los novios maulas
Ruegan una herida para el porvenir.
Derrama puñales el maná del alma.
La sangre no tiene a quien regresar,
Se arrastra por la piel invocando calma.
Hora es para que me abraces antes de concluir.

Hay palabras

Hay palabras como piedras:
Cantos rodados, algunas,
De sílex hiriente o fuego
Las que tallan el sendero
Que conduce hacia la luna.
Hay palabras como viento:
Suave brisa o cruel silbido.
Las que adormecen los juncos,
Las que arrancan los sarmientos
Y alborotan los cultivos.

Hay palabras de cristal:
Mariposas transparentes
Que se posan raramente
Y su aleteo adormece
La luz en la oscuridad.

Hay palabras como puertas
En muros de celofán:
Prisión de los anhelantes
Que no quieren ser abiertas
Cuando vuela el gavilán.

He conocido

He conocido, sí, las noches amarillas
Que se arrastran perezosas por el suelo
Con reflejos de neón y desconsuelos
Vistiendo de cendal las buhardillas.

Vienen y van los fantasmas de opereta
Que frotan sus cadenas sobre el vado
Y hacen tintinear los vidrios emplomados
Para amedrentar así a los profetas.

He conocido, sí, corbatas decididas
A ceñirse con el nudo de las dudas
Pinchando las camisas barrigudas
Con alfileres manchados de lascivia.

Camareros, sí, portando en sus bandejas
Las cabezas de suicidas vacilantes.
¿Vale la pena invitar a los viandantes?
Parecían escupir sus bocas huecas.

He conocido, sí, las sirenas de los prados
Nata en las fuentes del tinto de verano.
La melena al viento, llamas en la mano.
Sus voces de reclamo convocan al pecado.

A hombres sin abrazos vestidos de almirantes,
La lluvia prestó el sudor a la insólita coyunda,

Piden hoy el réquiem con una voz profunda
Y un incensario que ciña la congoja de su talle.

Esquivé las esquinas del ruedo de la calle,
Las sórdidas espaldas de la ciudad indigna,
La rojiza moral del loro de consignas
Y el sórdido cerrojo que gime cuando abre.

He olvidado los ojos del mar y el diente de los sables.
Por pintar de nostalgia el olor de los portales.

Heridas

A la luz del candor,
Palpitantes las heridas
Del placer que he derrochado
En labios que fueran mentira,
También vivo acuchillado
Por los cisnes inclementes
Como ángeles de Prada
Sobre nubes trasparentes.
Y quebradizo el cristal,
Reo de enclaustrar la nada,
Crea un pudor mineral
Sobre un lago de suspiros.

No vengo a curar las llagas
Del hastío de los besos
Con argénteas dentelladas
En un cactus de proyectos.

Laceraciones del sol
A la espera de las lágrimas.
Sanadoras del pudor
Que fuera obsesión helada,
Piedras en el corazón
Y navajas de hojalata,
En la ducha del dolor
Con ventanas a Manhattan,

No he de ser jamás vendaje
De la adulación teatral.
Nunca tahona de ultrajes
Que sus hornos abastece
Con el hambre universal
Para risa de los peces.

Y cuando el tiempo apurado
Almacene mi oración
Quiero aguantar el pasado
Despojando las estrellas
De sus batas bermellón
Antes de morir con ellas.

Huella informe

Hundidos sus pies en la neblina,
Que desdibujaba aún más el suelo,
Su antiguo jadear se alzó en las minas
Socavadas en cerros de otro tiempo.
El ardor regresó del horizonte
A enzarzarse entre los espinos prestos.
Insensible a la aflicción del monte
Su sangre borraba el manifiesto
Dejándole atrapado en el presente.

Un pozo de ojos, su cabeza
Demandaba la luz gótica del alba.
Sobre la tierra, manchada de certezas,
Los peregrinos, saltando empalizadas,
Besaban a los hijos de la iglesia.
Por un rato el viento se hizo carne
Y acarició la tapia de rocalla
Con un silbo táctil, como de agua.
Después dibujó las nuevas huellas
Que cruzando los encajes de la enagua
Subían por el monte a las estrellas.

Huye de mí

Por el jardín desierto
Las horas se desgranan.
La luz opalescente
En sombras se entrelaza.

Huye de mí la Luna confiada.
Huye de mí el verso en la almohada.

La negrura infinita
Me rodeó por la espalda:
El miedo de la duda,
Y el frío de la nada.

Huye de mí la canción de tus caricias.
Huye de mí tu noche solidaria.

Escapa entre mis manos,
Por la tímida cancela de mi alma,
El abrazo que pudo ser hermano.
Su risa no emociona ya mi casa.

El día se hizo meses
Tu rostro se hizo espalda,
La que me diste anoche
Luego de rasgar mi falda.

Huye de mí la rutina de tu ausencia
Huye de mí la pasión en tu mirada.

Cuando haya de volver a mi cobijo
No sabré que decirle a nuestro hijo.

Inhalaciones

Confinado en su mirada
Envolvente, como un arco iris
De risas por recuperar,
Nada deseaba sino desfilar
Ante la tribuna de sus pechos
Que inhalaban mis suspiros
Como un agujero negro
Devora las estrellas al acecho
En su espiral de vampiro.
Luego, asilado en el instinto,
Cómplice de mí proceder,
Me rendí a la dama traicionada
Que amuebla cada recinto
De mi añil atardecer.

Jamás de madrugada

Dentro del laberinto de los amaneceres,
O dondequiera me digas que me quieres,
Entre los nombres de los dioses que se han ido
Y los que conocerán los siglos bienvenidos,
Dentro se arraiga la niebla que perdura.
La que revolotea por esa cerradura,
La misma que, a la puerta de mi suerte,
Puse después de querer aborrecerte
Mas sin poderme destrabar de tu cintura.
Con una intensidad que dura y dura.
Jamás de madrugada pensé en dejarte
Siempre al anochecer me dio en amarte.

La desnarigada

Arriba, por el éter, envuelta en gotas
Algunas de licor, de hiel las otras.
Alta, altanera, el hueco de sus ojos
Huérfanos de lágrimas y enojos,
No asiste la pereza a su apariencia rota.
Por el cruel pasillo, pues de hinojos
A su alrededor la masa en torno,
Moteada en gris la piel de los abrojos,
La escarcha escoge a quien refrenda.
Recibe del pastor la postrer prenda.
La tenaz recolección de los despojos
No admite dilación: La flaca espera.

La eternidad

La eternidad, como un pasaje
De blanca luz sobre morado.
De nieve melancólica el ropaje
Con retumbos de un címbalo exaltado.
Bajo la llovizna preconciliar
De los sacerdotes diminutos.
Al fondo, un zaguán crepuscular
Apenas lamido por el rayo hirsuto.
Precisos en su edicto circular
Los tres arcanos ascensionales:
El arco iris escindido por la Parca,
El rayo verde del ocaso enrojecido
Y el avatar de las nubes multimarca.
A través de obeliscos herculinos
La óptica oscilante de la luz tensa
Hiere a los creyentes, tan intensa,
Que convida a las almas, pan y vino,
A ser la desazón de las agujas imantadas
En su impulsiva apuesta por el septentrión.
Más tarde, el temido estertor de los timbales
Sobre la piel extenuada, llamando a la oración
A los devotos de las costosas parcelas celestiales.

La lluvia y la tristeza

Entre todas las hierbas que apelan a la lluvia,
Diferentes como el miedo de cada uno,
Se recolocó el incendio
Que dormitaba entre los dientes oportunos
De la montaña de las expectativas juveniles.

En la creciente oscuridad
Se amontonó la solidez de lo sombrío
Y entre sus confusas venas, prisionera
De la tristeza, sin saber qué es lo que era,
La borrasca enflaqueció hacia el rocío.

Mas luego improvisó lo tuyo y mío
Disolviendo en el amor toda certeza.

La máquina

La máquina de malgastar canciones,
Entre la muchedumbre de los opositores
Grabó su clamor en la cuerna de los ciervos roncos.
Sospecho que en sutil connivencia con los compositores
Sordos.
¡Y qué!
Salieron los amantes en procesión etílica consolándose
Mutuamente con el asentimiento de sus cabezas.
Pero no se tomaban en serio el alboroto
Culpando de afonía a las corcheas.
Mudas.
¡Y qué!
A fondo se perfuman la conciencia los presentes
Que cruzan el Mar Rojo sobre el costillar de los enanos.
Se representa el hedor de lo forzoso en las reuniones del G-20
Construidas al clamor del: "Qué bien estamos bajo tu talón,
mi amo."
Ciegos.
¡Y qué!
La máquina
Maquina todo
Lo que arrasa.
Amén.

La mar

La mar, como mujer, se encrespa a veces
Y envía las olas a horadar la roca.
Envuelve en sus espumas cuanto toca
Pues a un tiempo la besa y enloquece.

Cuanto más en su furia se recrece
Más sinrazón a su razón provoca.
¿Para qué esa ira, que a la muerte invoca,
Pues se diluye en azul cuando anochece?

Su bregar no detiene ni un momento
Ni aun cuando descansa apacible el ciclo.
Pronta a retomarlo cuando el viento.

La desafíe con atraer el hielo.
Con ser indeseable ese tormento
Jamás eclipsará al de mis celos.

La tierra olvidadiza

Tiende la tierra a ser olvidadiza,
Se aturde cuando la nieve la atenaza
Y parlamenta acerca de soles mortecinos
En las cumbres heladas donde abraza,
Ansiosa de calor, las pieles de los pinos.
Hirsuta de torrentes y rocallas
Tampoco hace memoria de los cuerpos
Que yacen en los surcos de las playas,
Entre el cobre derretido
Del mediodía prensil
Y la sartén de la luna
Repintada en el añil.
Se vio forzada a evocar
A los hombres que campean
Entre las raíces que la hilvanan.
Les previene luego, con prudencia,
Que mantengan las hachas apagadas
Pues, oportuna, les hará la transferencia
De unos huesos con disposición de flauta:
Silbo de cadencia en el fluido de la ausencia.

La vida

La vida consiste en perder partidos
En noches sin luna afanosas de los albas.
Sin esa reflexión piadosa no se salva
La vocación suicida del vencido.

El tiempo perdido en los desiertos
Mendigando el azul que hay en los ríos
Se ofrece al vendaval con los vacíos
Del polvo que amasa un tiempo incierto.

Perdido lo esencial, la referencia
De cuantos encadenan la doctrina
De un arduo proceder que se destina
A encadenar cada noche con la ausencia.

De los júbilos perdidos, la aureola
En ese mar que enrojece, fiel reflejo
De un Helios que renace en oro viejo
Para mejor dorar la espuma de las olas.

Y se van relegando cada día
Los sueños imposibles: El Paraíso
De una mitología en que es preciso
El ser un semidiós, titán o arpía.

De todas las razones que se esgrimen:
El bien común, el trágico destino,
El valle de lágrimas o el sabor del vino,
Piden lluvia de cuerpos que les mimen.

No se aclara la tarde tras la nieve
Ni el futuro se muestra venturoso.
Ha dejado en el rastrojo un negro poso
Que triste se reboza en tierra aleve.

Los ojos, escondidos en sus grutas,
Celan de un despertar que les entregue
Una rosa invisible mientras lleguen
Los pájaros de fuego que te asustan.

Y ahora eres tú el metal oscuro
Que, asustado, se mira en el espejo
Sin cuándo ni después en el reflejo,
Tomado de infiel habiendo sido puro.

Fijo, en el estanque de la noche,
En brazos del sigilo y solitario
No hallas la razón del incensario
Sobre el altar convexo del reproche.

Contemplas del horizonte la guadaña
Que al hilo de la carne se acomoda.
Sangrando en el cristal tu vida toda
Con las últimas gotas te acompaña.

Cuando el pitido final, la gente marcha
Resignada hacia el abismo de la pena,
Tu anécdota, zanjada en la condena,
Se desdibuja en la anodina escarcha.

Las lindes del ocaso

Linda el ocaso al norte con un ciego
Que canta desventuras y batallas
Entre altivos soldados y borregos.
Cuenta menos su voz que lo que calla.

Hacia el sur el lindero es un abate
Bendiciendo cenizas pecadoras.
Efímeros residuos donde late
La muda telaraña de las horas.

El confín, por el este, es damisela
Cuyo rostro deforma los espejos
Desde el runrún antiguo de la escuela
Proyectando aventuras a los viejos.

Hay en el oeste un corredor cainita
A quien nadie desea poner muros.
Ladrillos de tiniebla lo limitan.
Calidoscopio con uñas a lo oscuro.

Fue para Árgos la rosa de los vientos.
El rumbo aciago y el furioso Eolo
Volvieron al metal tigre violento
Dejando en la caverna al hombre solo.

Manuscrito puntual de incoherencias,
Catálogo de escaleras y peldaños,
Desmemoria en el portal de las carencias
En noches de terror… parió un extraño.

Las aceras de la vida

Te salí a buscar
Por las aceras de la vida,
Luego pregunté por ti
Al llegar a la movida.
—Cuarto planeta a la izquierda,
Luego al fondo —me decían.

Te salí luego a buscar
Por los puertos sin bocana.
Con gentes ausentes de una
Ilusión por el mañana.
Póker de perros sin fe
Aulladores de la luna.

Y el fracaso de las noches
De noches llenas de almas,
Las almas forman torrentes
Torrentes de fuego arrastran
Arrastran fragor de gritos.
Gritos que no son llamadas.

También te salí a buscar
Por playas de Normandía
De cuerpos que fueron al mar
A navegar su utopía.
Dejemos al mundo tapar
Tus vergüenzas y las mías.

Te salí a buscar ayer
Cuando el suspiro del día
Te encontró al amanecer:
¡Y recobré la alegría!

Liturgias y estrategias

Al estallar la herejía por el núcleo
Ya se había tapizado con olvido
El profético pergamino belga.
El ejército de los amanuenses
Levantó las faldas de la huelga
Que mantenía sus cálamos a mano
Tras rastrillar un escrito cisterciense
Que anunciaba litúrgica protesta
Entre húmedos cantos gregorianos
A la hora sagrada de la siesta.

Los falsos mercaderes de lagartos
Que acudían a aparearse a la taberna,
Ya sabes lo que digo: vuelta y vuelta,
Recibieron secretísima encomienda
De llevar el manifiesto bajo palio
Para no tener que declararlo ante la Hacienda
Que intentaría acusar a los notarios
De tener empapelada la conciencia.
La operación se llevó a cabo con peluches.
Desde entonces, y ya van cinco otoños,
Cada tarde se concentran sus retoños
En la puerta trasera de la Morgue.

Llegadas al suelo…

Llegadas al suelo las hojas eluden los problemas
Mas parecen anhelar los zapatos que las hieren.
En verdad te digo que asemejan novias impacientes
Por cumplir la agenda de la revisión pendiente,
Con fláccidas memorias, reniegos y teoremas.
Así que, cuando acude el barrendero,
Agradecen la caricia y el beso de la escoba.
Camino de recuerdos llegando al vertedero.

No es bueno ni malo ser una hoja,
Y menos agua mineral embotellada
O encontrarme desnudo al borde de la esponja.
Tampoco el vivir deshabitado de tristeza.
Sólo es diferente, quizá sea presteza
Por ver la oscuridad colgada de mí estrella.

Lo inquietante y las dudas

El secreto de la alquimia
Se esconde en el laberinto
De las bromas importunas,
Donde ascéticos turistas
Se hacen pasar por jacintos
Tras la ingestión ovejuna
De una iguana congresista.

Pudieran tomarse asimismo
Por incongruencias británicas:
Los naufragios laterales
Con balcones al abismo,
O las giras ilegales
Por las fiestas del verano
Para acompasar el ritmo
De caníbales veganos.

Pero es en la astrología
Donde encontramos motivos
Para ahuyentar las moscardas
Disfrazadas a la espera
Sobre la casa de Orión.

Al par que las cancerberas
Aguardan tocando autopsias.
Antídoto calavera:
"El vuelo del moscardón".

El espiritismo habita
En barrancos de la mente
Entre alumnos de serpientes
Y notarios trogloditas.
De su esencia, la flojera
De un zahorí archimandrita,
Muñidor de las hogueras
Donde quemaron becarios,
Follones de las ermitas,
Vestidos de casuarios.

La mitología, insegura,
Ansiosa de cenagales,
Se procuró una textura
De omnívoros concejales.
Los soplones del Olimpo,
Y Quirón dando la caña,
Urdieron un protocolo
En papel de telaraña.

Con Minotauro en la plaza,
Menelao lidiando enanos,
Teseo dando por ano
Y los troyanos bocazas:
Eros se lavó las manos
Y se marchó con Minerva
A retozar en la hierba
Vestidos de venecianos.

Lo intangible

Lo intangible en la poesía gravita en lo casual del pensamiento.
Su música pervive en el deseo por hacer bailar a las palabras
Hasta los límites del impulso erótico donde se labra
Lo que entiende sagrado mientras niega su arduo nacimiento.

¿Cuánto de irracional hay en su ser cuando se duda hija de
                                                    [la razón?
La importancia de la fantasía trasciende lo maravilloso.
Se hace cadencia con un rayo de fulgor que sublima lo hermoso
Liberando del peaje a los peregrinos que viven de su vocación.

En el recinto de los falsos conceptos asumidos desde la certeza.
Lo divino pinta el verso abismado en el pozo de la intimidad
Hasta lograr una hondura que destila ansiedad trocándola
                                                    [en belleza.

Se bautiza así la mística flexible en los sentimientos de plegaria.
La hipocresía de lo útil se derrumba ante la metafórica claridad,
Trasciende a medida que libera al poeta de su condición
                                                    [gregaria.

Los pasos y las sombras

La distancia hasta mi yo se reduce
A todas las cosas que ya no me hacen falta.
Recorren mis pasos la piel de los excesos
A la par que las sombras se visten de añoranzas
Como la copa de los dipsómanos ausentes
Enfila, ya sin hielo, el bar de los decesos.
No por ello he de ignorar los dardos convergentes
Que clavan su odio sibilino en mis estancias.
Me quedaré, mejor, con el perfume de tus besos
Y florecer así en el rosal de tu prestancia.

Mensajero de lo invisible

…el fuego no puede ocultar su desmesura
en la delegación de la estufa de butano
sin ofrecer resistencia a la negrura.
Nacen y mueren las llamas de la mano
sacudiéndose de las escamas impuras
que se aferran a sus lenguas de gusano.
Se puede reescribir cada crujido
con el lenguaje multiusos de lo eterno,
el que nace de los astros sacudidos
por los espasmos de su continuo averno.
No se gestó su brillo en locas llamaradas,
allí donde el plasma habitó su ardor interno
ni en la energía que olvide el resplandor,
cuando la luz se dirija hacia una nada
sin galaxias ni soles. Sin átomos… ni amor.

Mientras la luz

Mientras la luz, nacida en la mañana,
Acaricia deleitada tu hermosura
Un destello-Don Juan no tiene hartura
De navegar por tu figura tan lozana.
No es vana su intención, siendo temprana,
Ni pura si se adentra en la espesura
Que el recato oculta con premura
Al indiscreto sol que te profana.
Con el oro del cabello rivaliza
Hiriendo su fulgor tu frente bella
Que tus ojos fijara como estrella
Y el oro o la pasión, como nodriza.
En el nácar su piel se sincretiza
¡Confiesa, oh Helios! O tu boca sella
Que a nadie has acariciado como a ella.
Ni a la antorcha de Delfos huidiza.
Desde tu ardiente altar a libar convidas
Con el beso que al amor le diste vida.

Milo

Nieva nevando en la escultura
De la Venus de Milo, soñadora
De huevos de Pascua y de nautilos:
Perfecta simetría de la aurora.
La hija de Zeus, vestida con estilo,
A dos eternos días del portal eterno,
Sueña con polifemos cefalópodos
Como Minerva le enseñó a ver la vida
Que nace del Olimpo al canal del Bósforo.
La lengua celestial apenas saborea
El aroma antiguo que el ritual no olvida.
Con mano inmortal el cincel libera
Del mármol la sensual delicadeza
Con la relojería privada de los pocos
Orfebres de lo añejo. Luego su belleza
Electrifica la mirada de los locos.
La diosa no desea vivir en el santuario
De las vestales adictas al jolgorio.
De vuelta en el Olimpo lisonjea
A los profetas fetén del velatorio.

Muchachas

Mi
Otro yo
Os convoca
¡Oh, muchachas!
Sacerdotisas de grama,
Intérpretes de cítaras y ramas.
Jurado de aromas ¡Oh, muchachas!
El profético temblor de vuestra danza
Transfigura el mundo. Un poema se abalanza,
Más allá del pensamiento de las sordas marionetas,
Y lo puntea en las cuerdas de la lira del cantor profeta.
¡Oh, muchachas!
En conjunto:
Fuego,
Miel.
Y
.

Muchedumbre envejecida

Encapuchados por mandato ajeno,
Destructores de jardines en horario laborable,
Afinan la puntería una vez, al menos,
Por conseguir que la esclerosis hable
De los ministros de luces recortables.
Crujieron las articulaciones del gobierno
Pero nadie proclamó un edicto amable.
Llegando el aquilón a las puertas del infierno
La voz de la cotorra retomó la exhortación:
"El intento de secuestro de nuestra ley-embudo
Colapsará ante su muro de alegre imprecisión".
La turba de leprosos, guiados por un mudo,
Observó anestesiada el vuelo del Halcón.

Mucho tiempo

Núbil tiempo aguardé hasta ver salir el sol
Embebido en la tiniebla inanimada
Apenas afrontada con alcohol.
Sintiéndome manzana picoteada
Por las aves violáceas de ababol.
Ahora, en el recordar de tus ausencias:
El sudor del rocío adolescente
Degustado en gota cuando llega
Por la osada aureola de tu piel.
Ahora, insisto, mastico mi presente
Desde un cuerpo que no me sobrelleva.
Perteneció al amor, a un tímido vergel
Sin otros almarjales que tus ojos.
De ellos revelé una copia protoplasma.
¡Qué sería de mí sin tu fantasma!

Murió el nueve

Se extinguió en el olvido, lo mató la pereza.
Murió como vivió, entre el ocho valentón
Y el diez con ávido afán de perfección.
Ni la noche ni el día respetaron su cabeza.
Barrido por un viento de unos y de ceros
No pudo acomodarse al aguacero.
Quinqué por el día. Espadachín nocturno.
Doblada la mirada. Irónico profundo.
Submarino en torbellinos vagabundos.
Guitarra destemplada en ocasiones.
Mentiroso ocasional. En el amor, martillo
Pilón en celo. De los estanques, brillo.
Oíd de su boca el testamento:
De la bata de mi alma me despojo
De todo lo que creí fuera importante
Pues, a fin de vadear el rojo averno,
Para enfriar la lava bastará un pie cojo.
Como creo que ya dije lo bastante
Volveré a ser de nuevo el nueve.
Y atraeré la fortuna a quien me lleve.

¿No es esto extraño?

¿No es esto de vivir un tanto extraño?
Digo lo de pasear los días de abandono
Cuando en la primavera de los años
Llueve sobre el erial de los enconos:
Vértice activo en el fiel del desengaño,
A mil horas-luz de la singularidad
Todo se ve raro, lo siento en el vacío
En que se convierte el olvido de la edad.
¿No es esto de amar algo insensato?
Un mirarse en el espejo sin motivo
Que llevarse a los labios. Alegato
De todas las hormigas que comen biografías.
Ignoran su cautividad virtual mas reconocen
No poder fichar después de que den las once.
¿No es esto de morir una cruel calcografía?
Intromisión de almas en el seno del espacio
Con vistas a un satélite artificial de teogonías:
Achaques varios a la hora del rosario.
Exigua la pensión. El rezo, maquinal
Y otras agonías varadas en El Retiro
A la espera de la Barca universal.

No querría ser

No un mar: Pero uno con barcos de madera
Con rumbo a cualquier puerto bucanero.
Guaridas de terror con loros verbeneros,
Altivos, como oráculos guardián, a su manera:
Y si los dioses me anticipan el futuro...
Y si el presente se queda en una llama...
Y si el pasado acude a mi conjuro...

No querría ser

Pradera. Una llanura de hierba cristalina
Sin caminos de piedra desgastada
Por los pies de los peregrinos de la mina
En busca de templos de carbón expiatorio.
Y no anticiparme al cendal de los amagos...
Y no mantenerme a la luz de los cimborrios...
Y no incendiar las antorchas con halagos...

No querría ser

Confesor-afluente de los cirujanos ciegos
Rapando de noche a los calvos palaciegos
Que sienten por sus pelucas grande apego
Porque resguardan sus cuernos de borrego.

Cuerpo

Con la cabeza densa de medusas,
La espalda indiferente, el gesto aleve,
Los brazos extendidos a las nueve.
Los ojos espiando las pelusas
Que los álamos gotean como nieve.
En los islotes, ausentes de olas blandas.
La imagen no es grotesca, son las andas.
El reloj fluctuando en horas breves
De los santos de gesto doloroso
Sus manos como palmas a lo alto
Las piernas preparadas para el salto
Cada Domingo de Ramos tormentoso.
Hacia libérrimas cometas de la playa:
Acto de fe basado en imposibles,
El trasgo osado con ojos de fusiles,
Los nervios tensos, su temblor acalla,
Finas telarañas trémulas de viento
Jugando con la piel de las palmeras.
Los ojos fijos, las manos en espera,
Las plantas fijas de color contento.
Deshabitada, más tarde, la vasija
Como si fuera un útero sin hijos.
Su desplomada esencia en el cobijo
De un violín desprovisto de clavijas

Su aroma de alcobas
De salitre y albas,
Se queda enredado
En sábanas malvas
Entre las pantorrillas separadas.
Vestida la piel de cruel reflejo
Antes de poder sentirse viejo
Estalla lentamente en llamaradas.
Néctares de fuego,
El ropaje de horas,
Cuerpo de demoras,
Sangre de reniegos,
Sesos en salmuera
Alma de distancias,
Las memorias, rancias.
Siempre el alma afuera.

Orreihedacaval

ohcel us ne adimrod orreih ed acav aL,
ahcracse ed atreibuc adnuforp arbmos uS.
orrab le ne ergnas us óitrev aznal aL
ranrebih ed setna arreit al amilbuS.

oderc oslaf us y ateop la soidA
ram oegE led etolsi nu a odaznaL,
sotreum namalcer euq sesoid sol a otcidA
raza led eyuh orreih ed acav aL.

sayalp sal ed sojel, osaco led los lA
onav odneurtse la sabrut sal esnageiN
sallatab noreuf euq senoicnac odnaepA

sarepse nejet euq samad rop sadazlA,
raicnuna odup ol said sose ne eidaN?
¿dadisrevda al ed satsuj saroh ortauc A.

79

La Vaca de hierro

La vaca de hierro dormida en su lecho,
Su sombra profunda cubierta de escarcha.
La lanza vertió su sangre en el barro.
Sublima la tierra antes de la marcha.

Adiós al poeta y su falso credo
Lanzado a un islote del Egeo mar.
Adicto a los dioses que reclaman muertos,
La vaca de hierro huye del azar

Al sol del ocaso, lejos de las playas,
Niéganse las turbas al estruendo vano
Apeando canciones que fueron batallas

Alzadas por damas que tejen esperas.
¿Nadie en esos días lo pudo anunciar
A cuatro horas justas de la adversidad?

Go-ku (cinco haikú)

Nieva el camino,
Mi fangoso reflejo
Muere conmigo.

La lluvia pinta
Reflejos en el charco.
Ondas sin tinta.

Es a lo lejos
Que el agua cristaliza.
Blancos espejos.

Canto del ave:
Ahora me doy cuenta
De lo que sabe.

A cada lado
De la pequeña noche
Está el pecado.

Pretérita canción

Cuando dejen de acosarte
Las urgencias masculinas,
El índice obsceno cese
De hacer turismo en tu piel.
Aplace el muecín su llamada
Para filtrar los deseos-basura
En noches de leche y miel.
Los templos de místicos dedos
Hurgan tu apagado cielo
En busca de castas calenturas.
Mas las nubes sólo admiten los vapores,
Lluvia inútil sobre el turbio mar.
Las respuestas mueren talladas
En íntimos mundos de oculta verdad.
Allí moran tu enredo y mi libertad;
En doble tornasol de la tristeza.
La deslegitimación de la alegría,
Su mendruga mano tropieza
Con agonías de felicidad.
Transeúnte y quebradizo,
Tropezando cada día
En hoyos conceptuales
De difícil encaje en los marjales
De la juventud, la pretérita canción
Muere en el clamor discreto de la plática:
Tal es el destino de la liebre estática
Que muestra la mesa del glotón.

Entre viandas, el recién llegado,
Con fecha de próxima caducidad,
Su vetusto envase deformado
Levita al margen de la realidad.
En burbujas se diluye la historia de los otros
Mientras el tiempo nos va borrando el rostro.

Rugidos

Rugidos en el aire rompen el sosiego.
La peña enmudeció sorbiendo el miedo.
Presa, en su camarín de hojas e insectos,
Se remueve impaciente la bestia lenguaraz.

Y todo se durmió: Los tallos encogidos,
Las hierbas ponzoñosas de mínimo oscilar,
Los pases, también, para un recital prohibido.
Entre guitarros sestea el animador procaz.

Heredero de charangas y excrementos,
Toma en sus manos el violín del concertino.
El arpa y la madera: ¡A tomar viento!
De los metales suprime al corno lenguaraz.

Místico y mundano, con ademán ladino,
Manchó de semifusas el himno de la paz.

Sentidos

Desde lo profundo de la voz oscura
Que rebota en las orejas de la mar,
La canción de la mujer impura
Supera al de la razón actual.
Con la placidez de las estatuas griegas
Multiplicándose ¡oh dioses del ayer!
Como alondras nostálgicas de siegas
En los actuales barbechos del Edén.
A la vuelta de la esquina una Isis rubia
Sopla del amor los huesos del desdén.
Más tarde, con los dedos de la lluvia,
Sobre los botánicos lechos del harén
Le muestra su camino a ese cliente,
De vestales a estreno sibarita.
El turista balbucea entre los dientes:
¡Quiero el beso comestible de Afrodita!

Si de tu belleza

Si de tu límpida belleza hoy me ufano
Aunque ante tus ojos de cielo me impaciento
Del hartazgo del hambre que consiento
Me devore porfiando en su reclamo.

No es frío tu abril ni avaro el año
Que me regala un tiempo de memorias
Con horas que se engarzan en la noria
De un amor que se me ofrece tan tacaño.

No dejes que se hiele mi verano
Ni tu aroma permitas que se esfume.
El oráculo no urde cuando asume
Que es Circe quien te lleva de la mano.

La llama que nutre las estrellas
Te prenda en su fulgor y a mí con ellas.

Sombras irisadas

Sobre el lecho del mar ensimismado,
La playa de las perlas en la arena,
En calma despoblada mi pecado,
Intemporal como el abismo, crece.
Entre estrellas marinas me enajena
El silencioso aleteo de los peces.
Su horizonte, a unos metros del hocico,
Es la sombra asesina que aparece
Moviendo la caudal en abanico.
El flexible cardumen se estremece,
Sin muros que acordonen el espacio
Ni puertas que se abran de antemano.
La luz se diluye más despacio
En las lánguidas pieles del verano.
Augurando inmersiones transparentes.
El buzo improbable se serena
En la tarde irisada que presiente:
Un crepúsculo añil entre ballenas.

Soñé

Soñé arena rosa de extraños resplandores
En los ojos de la mar danzando espumas,
Pintan pompas de amor los pescadores.

Soñé la piel del arrecife estremecida
Por la melena de posidonias asustadas.
Entre los pecios delatores se convida,
Encaje de bolillos en rocas como espadas.
Soñé un atisbo de amor en tu mentira.
Soñé todas las anacondas disfrazadas.
El cabello de Venus era de pájaros dorados.
Crisálida nacida del sudor de Botticelli.
De Minerva, el laberinto de añejas primaveras.
De Apolo fue el verano de cuerpos bronceados.
De Neptuno eran las olas y de Juno, los ahogados.
De Baco, el vino tinto pintado en las aceras.

Soñé con las sirenas que coreaban mi poesía.
Ulises nos gritaba: ¡Soltadme, por vida mía!
¡Que me sangra el corazón al oír su melodía!

Yo soy el ayer

Yo soy el ayer que antier clamaba
Que cada seriedad es una alondra:
Un futuro que oculta una mastaba
Fundido en jeroglíficos y sombras.

Al par, una gira entre huertos y palmeras
En vuelo a la playa occidental de arriba.
Las olas patrocinan placenteras
El primer beso con la esencial saliva.

Llego a lo más hermoso de lo lejos
Donde acaso se vislumbra la abundancia
De los senos, como el último reflejo
De un cuerpo que me llama en la distancia.

Para volar hasta el ensueño sin espera
Concibieron los adioses la quimera.

Sus ojos

Inagotables sus ojos de la luz,
Recelan de manifestar virtud.
Anulan las palabras transparentes,
Reprueban las esquinas de la gente.
Buscan del amor una trinchera
Que apruebe la desnudez
Velada tras la cabellera.
Luz que ponga verjas al paisaje
Y dibuje de pinos la pradera.
Mis caricias son de un ciego
Que lee lo que sus dedos tocan
Lo que sería un acierto
A nivel molecular en otra boca.
En el cancel de sus labios
Asoman sospechas por navegar
En el camarote refrescante de su risa.
Por océanos ignotos, sin mañana,
Sus ojos, cual traslúcidas teselas,
Ponen ascuas al sol de las desganas,
Y ellas mismas trocarán por unas velas.
Que impulsarán mi batel hasta llegar al alba.

Tarzán y jane

El año que fuimos Tarzán y Jane,
Los pétalos: sola prenda.
La jungla como universo;
Sin propósito de enmienda,
Ni chanclas de pisar versos.
Nuestro nido fue una tienda
Con la Luna como techo.

Ese año que fuimos un mundo
Pequeño, verde y muy nuestro,
Tan vulnerable y profundo
Como lo son los ensueños.
El sábado, como pretexto,
Nos montamos, vagabundos,
Una fiesta con los besos;

Un banquete sin recelos,
Aquellos que nos reprimían
La disposición de anhelo,
Por nuestra piel sin barrancos.
Al tiempo que sugerían
Pulsión por la cobardía
Del gran Cazador Blanco.

Agazapado, al acecho
De gacelas malheridas
Por las balas del despecho.

El año que fui tu Jane,
Y tú Tarzán sin quererlo,
Ese en que fuimos barbecho
Sembramos un año eterno.

Tierra

Un momento: si te pesan en el alma
Los millones de cuerpos urticantes
Callando a coro su ignorancia,
Es que ha llegado el instante
De cambiar las ventanas de la infancia,
Tras las que se acechó la tierra dura,
Por el ojo de buey de la aventura.

Si sientes tu peso no eres luz,
Ni voz, ni el viento visitante,
Ni lamento, ni sombra de quietud,
Es que ha llegado el instante
De escribir, con cálamos de virtud,
Al invierno a la hora en que se cierra
La aduana de embarque de la Tierra.

Tribu sin oraciones

La tribu, turbamulta errante en la sabana,
Donde los hechiceros, infectos de sonido,
Se quejaban del viento pues apenas solfeaba.
Más tarde el silencio, ensueño de omisiones,
Era un universo de guerreros abatidos
Por el hartazgo de ajenas explosiones.
Un etólogo, especialista en precoces ermitaños,
Declaró: "Es el gregoriano un canto oportuno
Para aquellos navegantes del antaño."
Desde el tercer día del concierto de las ranas,
El deán de Chirimías y Pífanos morunos
Condenó con tesón su parla chabacana.
Luego de echar a suertes a los coroneles,
El chamán pasó a aporrear el tam-tam veintiuno.
La tribu repitió la liturgia dormida en los laureles.

Una ola

Sólo una ola,
Una ola sola.
De carambola.

Para bailar la bola
Y sólo, sola...
La barcarola.

Para llenar tu gola
Una cacerola
De caracolas.

Sólo una ola
Y una bata de cola
Tu camisola.

Una pianola:
Chulo y Manola
De merendola.

Sólo una ola
Dos amapolas:
Tus aureolas.

A porta gayola
Una cabriola
Tan española.

Mira que mola
Sólo una ola
Y una farola.

Una vitola
Paseando tu estola
Por Fuengirola.

Notice for lovers

Love is a feeling of rain:
It slides upon the awaiting skin.
Sometimes, superficially, stain
Like when you walk on the beach,
Barefoot,
Searching useless puddles in the sand,
And you don´t have to be bighearted
To see your image, like in a plan,
To be mirrored in other bewildered eyes.
Another day love is a downpour
Walking the unsuspecting epidermis
Until reaching an unbearable sky.
And you feel helpless, being out of you
Up, on the sidewalk of the sea.
The yesterday´s recalling:
Some glances, a speech,
Fluffy words too.
The hand on other hips.
Then, the pouring water takes you down.
Only then, beyond the useless flirt,
You see another face reflected…

So close… you feel that hurts.

I giardini da itaca

Ruscello tra i giardini,
Pesce d'improvviso argento,
Vino verde nei canali,
Rane che gracidano al vento.
Fugge anche il terreno.
I capelli marciano sull'erba
Attendere la minaccia
Di torrenti di veleno,
E le giunchi, canne superbe
Sembrano lance di ferro.
Madri di tutte le lacrime
Le nuvole, di occhi lento,
Scalano una spirale bianca
Alle fontane del cielo.
Prima del grido di Ulisse
Penelope tesse un inverno.

Reflexión final

No siempre se prestan las palabras
A irrumpir en el estruendo de los hombres,
Ni la muerte silente de los astros
Los priva de su épico esplendor.

Remolcando al planeta lento,
De hecatombes por venir, depredador.
Vano intento de vivir en el descuento
Por si pudiera prescindir del Creador.

Pero ahí están, definitorias y crueles,
Sabedoras de su sobrenatural acervo
Que compensa el deleite con las hieles.

Si en el principio todo lo supuso el Verbo,
También lo será al final, acallando los babeles
De un diccionario que no alcanzará a ser eterno.

Índice